Step
2

※ 하오빵(好棒 hǎo bàng)은 '마우 좋다!', '최고다!'라는 뜻입니다.

감수	**김현철**

연세대학교 중어중문학과 교수 겸 중국연구원 원장
연세대학교 공자아카데미 원장
중국언어연구소 소장
한국중국어교육학회 회장
한국중국어언학회 부회장 겸 편집위원장
중국어문학연구회 기획이사

공저	**김명화**	**이윤화**

김명화
한국외국어대학교 중어중문학과 박사 수료
어린이 중국어 교사 자격증 취득
(전) 한국외국어대학교 중어중문학과 강사
　　중화TV 중국어 회화 강의
　　기탄교육 〈뿌뿌중국어〉 온라인 강의
　　국군방송 FM매거진 중국어 강의
　　한국경제신문 HICEO 중국어 강의
(현) 미국 캘리포니아주 Oxford Preparatory Academy
　　Public Charter School 초등 · 중학교 중국어 교사

• 저서 〈드라마 중국어 愛 빠지다〉, 〈랄랄라 신나는 율동
　동요 중국어 1, 2권〉, 〈하오빵 어린이 중국어 4, 5, 6권〉,
　〈하오빵 어린이 중국어 종합편〉
• 공저 〈하오빵 어린이 중국어 1, 2, 3권〉

이윤화
한국외국어대학교 중어중문학과 석사 졸업(언어학 전공)
중국어 2급정교사 자격증 취득
방과 후 학교 학교장 추천 우수교사 선정
(전) '하오빵' 어린이 중국어 교사 및 파견 교사 교육 담당
　　리라유치원, 근하유치원 중국어 교사
　　서울 용강중학교 등 방과 후 학교 중국어 교사
　　서울여대부설 화랑초등학교 등 방과 후 학교 중국어 교사
　　원목중학교 중국어 전담교사
　　제스아일랜드 서초 중국어 교사
(현) 성동초등학교 중국어 교과 전담교사

• 공저 〈하오빵 어린이 중국어 1, 2, 3권〉
　〈어린이 중국어 발음 붐붐〉

초판발행	2011년 8월 20일
2판 6쇄	2024년 4월 10일

저자	김명화, 이윤화
감수	김현철
편집	최미진, 연윤영, 엄수연, 高霞
펴낸이	엄태상
디자인	권진희, 이건화
콘텐츠 제작	김선웅, 장형진
마케팅본부	이승욱, 왕성석, 노원준, 조성민, 이선민
경영기획	조성근, 최성훈, 김다미, 최수진, 오희연
물류	정종진, 윤덕현, 신승진, 구윤주

펴낸곳	시사중국어사(시사북스)
주소	서울시 종로구 자하문로 300 시사빌딩
주문 및 문의	1588-1582
팩스	0502-989-9592
홈페이지	http://www.sisabooks.com
이메일	book_chinese@sisadream.com
등록일자	1988년 2월 12일
등록번호	제300 - 2014 - 89호

ISBN 978-89-7364-663-0 18720
　　　978-89-7364-664-7(set)

"영어는 기본, 중국어는 필수!" 영어 이외에 제2외국어 학습을 하면 중국어를 제일 먼저 떠올릴 만큼 중국어에 대한 중요성이 날로 높아지고 있습니다. 중국어 교육이 성인 중심에서 어린이 중국어 교육으로 점차 확장되면서 어린이 중국어 시장이 형성되고 많은 교재가 편찬되고 있습니다. 그러나 선생님들에게는 가르치기 편하고 아이들의 눈높이에 딱 맞춘 교재는 부족하다는 게 현실입니다.

본 교재는 선생님들과 어린이들의 입장을 고려해 보다 쉽게 가르치고 아이들이 재미있게 중국어를 배울 수 있도록 구성했습니다.

1. 중국어는 어렵고 지루하다?

중국어는 어렵고 지루하다는 생각에 공부를 시작하기도 전에 덜컥 겁부터 먹습니다. 본 교재에서는 매 과마다 챈트, 노래, 게임, 다양한 활동 및 생생한 중국 문화 이야기 등을 통해 재미와 흥미를 고취하여 한자의 두려움을 타파하고, 무작정 외우기보다는 중국어와 친해지고 자연스럽게 한자를 습득하는 데 중점을 두었습니다.

2. Ⅰ (현재의 수준) + 1

본 교재는 새로운 단어와 문장 선택에 있어서 'I+1'의 원칙 하에 편찬되었습니다. 앞 과에서 배운 단어와 문장에 최소의 단어를 추가하여, 아이들이 부담감을 느끼지 않으면서도 새로운 문장을 이룰 수 있도록 과학적이고 체계적으로 한 과의 본문과 말하기를 구성하였고, 과와 과 사이 역시 긴밀성과 확장 관계를 고려했습니다.

3. 언어는 반복이다!

언어의 효과적인 학습 방법은 반복입니다. 본 교재에서는 탄탄한 내용의 연계성을 바탕으로 체계적이며 재미있게 복습할 수 있도록 구성했습니다. 본문은 신나는 율동과 함께 챈트로, 회화 부분은 경쾌한 리듬과 함께 노래로 복습을 합니다. 그리고 다양한 게임 활동과 연습 문제를 통해 배운 내용을 다시 한 번 되새깁니다. 중간에 구성된 복습과는 아이들에게 친근한 동화 스토리에서 배웠던 중국어 표현을 대입하여 아이들이 역할극을 하면서 재미있게 복습할 수 있어 학습 효과는 배가 됩니다.

김명화 · 이윤화 드림

귀가 뻥 뚫리는 듣기의 신!

귀를 기울여 들려주는
중국어를 잘 듣고,
알맞은 정답을 골라
보세요.

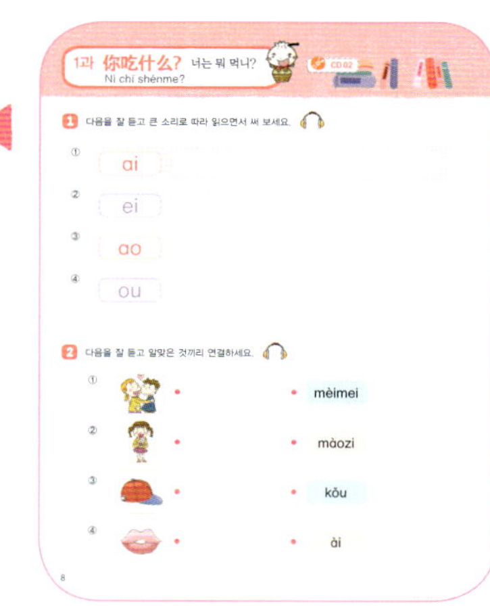

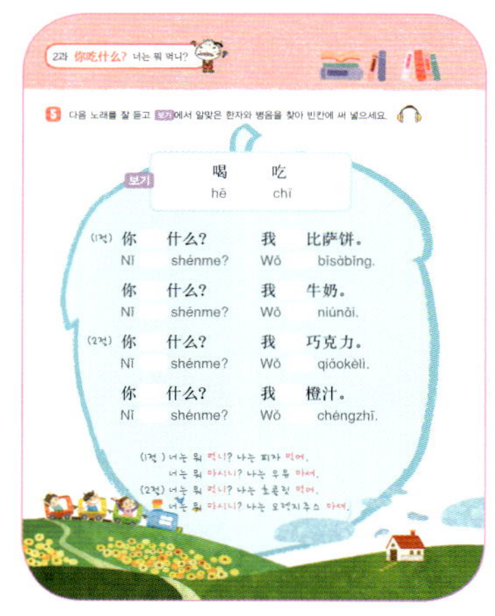

멜로디와 함께 중국어 받아쓰기!

챈트를 잘 듣고 빈칸에
알맞은 발음을 받아
써 보세요. 빈칸을 채운
후에는 신나게 챈트를
따라 불러 보세요.

다양한 문제가 한가득!

스티커 붙이기, 사다리 타기
등 재미있고 다양한 문제를
풀어 보세요.

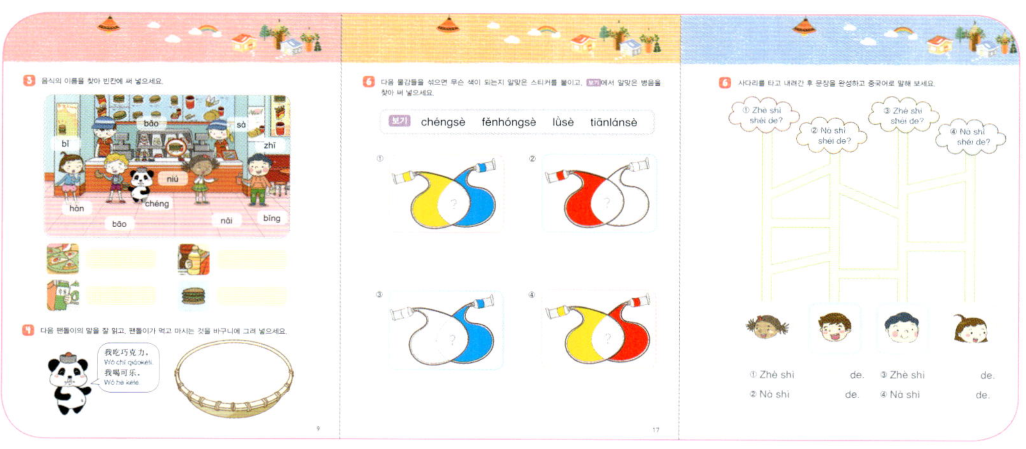

또박또박 중국어 쓰기

중국어를 큰 소리로 따라
읽으면서 한 글자 한 글자
또박또박 예쁘게 써 보세요.

스토리를 완성해 보세요!

메인북에서 배운 내용을 다시 한번
복습하는 코너예요. 말풍선에 알맞은
스티커를 붙여 스토리를 완성해 보세요.

접어접어 종이 접어~

종기접기, 색칠하기 등 다양한
활동을 하면서 재미있게 중국
문화를 익혀 보세요.

스토리 4문 4답

스토리의 내용을 이해했는지 문제를
풀어 보는 코너입니다. 한 문제도
빠짐없이 꼼꼼히 풀어 보세요.

CD 02

1 다음을 잘 듣고 큰 소리로 따라 읽으면서 써 보세요.

① ai

② ei

③ ao

④ ou

2 다음을 잘 듣고 알맞은 것끼리 연결하세요.

①　●　　　●　mèimei

②　●　　　●　màozi

③　●　　　●　kǒu

④ 　●　　　●　ài

3 음식의 이름을 찾아 빈칸에 써 넣으세요.

4 다음 팬돌이의 말을 잘 읽고, 팬돌이가 먹고 마시는 것을 바구니에 그려 넣으세요.

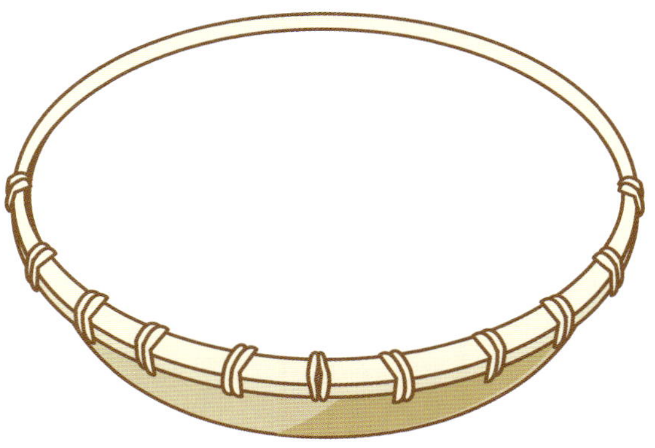

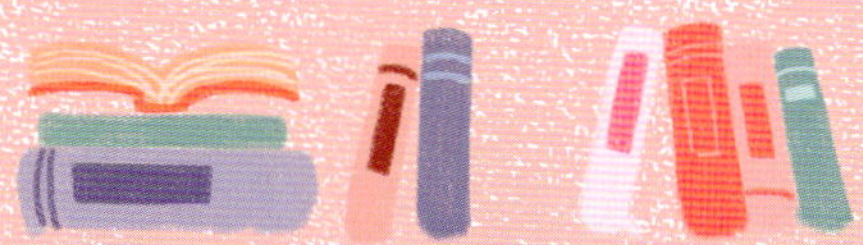

5 다음 노래를 잘 듣고 보기 에서 알맞은 한자와 병음을 찾아 빈칸에 써 넣으세요.

보기

喝	吃
hē	chī

(1절) 你 ____ 什么? 我 ____ 比萨饼。
Nǐ ____ shénme? Wǒ ____ bǐsàbǐng.

你 ____ 什么? 我 ____ 牛奶。
Nǐ ____ shénme? Wǒ ____ niúnǎi.

(2절) 你 ____ 什么? 我 ____ 巧克力。
Nǐ ____ shénme? Wǒ ____ qiǎokèlì.

你 ____ 什么? 我 ____ 橙汁。
Nǐ ____ shénme? Wǒ ____ chéngzhī.

(1절) 너는 뭐 먹니? 나는 피자 먹어.
너는 뭐 마시니? 나는 우유 마셔.
(2절) 너는 뭐 먹니? 나는 초콜릿 먹어.
너는 뭐 마시니? 나는 오렌지주스 마셔.

6 다음을 잘 듣고 알맞은 것끼리 연결하세요. 

① 　

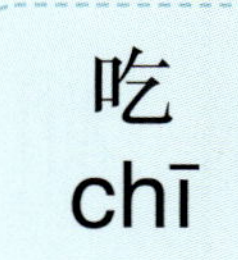
吃
chī

② 　

③ 　

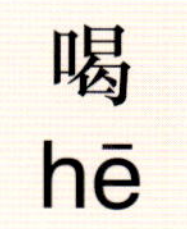
喝
hē

④ 　

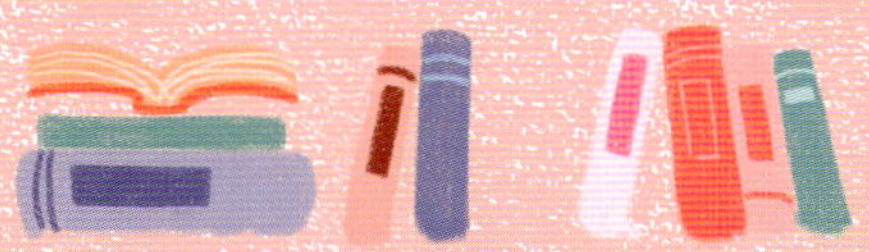

7 친구들이 무엇을 먹고 마시는지 알맞게 스티커를 붙이고, 큰 소리로 읽어 보세요.

我吃冰淇淋。
Wǒ chī bīngqílín.

我吃冰淇淋和　　　。
Wǒ chī bīngqílín hé 　　？　　.

我吃冰淇淋，　　　和　　　。
Wǒ chī bīngqílín, 　？　　hé 　？　　.

我吃冰淇淋，　　，　　和　　。
Wǒ chī bīngqílín, 　？　，　？　hé 　？　.

2

我喝牛奶。
Wǒ hē niúnǎi.

我喝牛奶和　　。
Wǒ hē niúnǎi hé 　？　.

我喝牛奶，　　和　　。
Wǒ hē niúnǎi, 　？　hé 　？　.

8 큰 소리로 읽으며 한자와 병음을 예쁘게 써 보세요.

吃
chī
먹다

喝
hē
마시다

汉堡包
hànbǎobāo
햄버거

可乐
kělè
콜라

你喜欢什么颜色？ 너는 무슨 색 좋아해?
Nǐ xǐhuan shénme yánsè?

1 다음을 잘 듣고 성조에 맞게 큰 소리로 따라 읽으세요. 

① **an**   ān   án   ǎn   àn

② **en**   ēn   én   ěn   èn

③ **ang**   āng   áng   ǎng   àng

④ **eng**   ēng   éng   ěng   èng

2 다음을 잘 듣고 빈칸에 공통으로 들어갈 병음을 보기 에서 찾아 써 보세요. 

보기   a   o   e   i

① 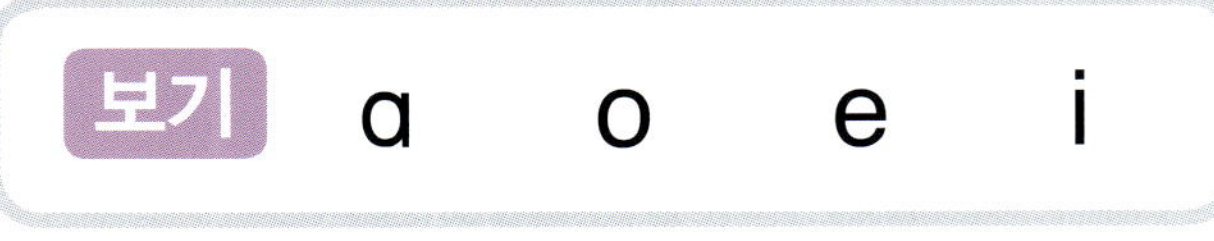

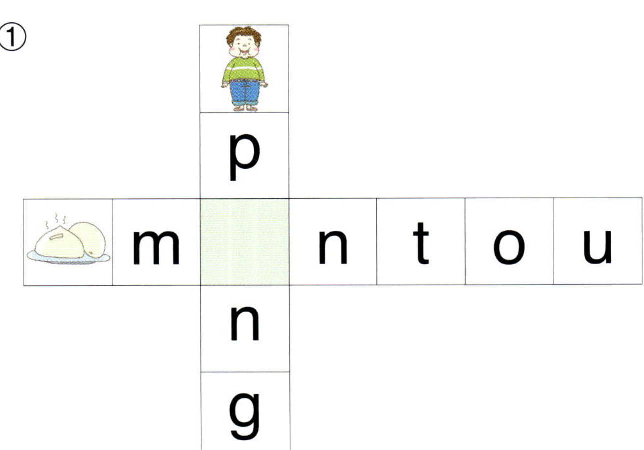

② 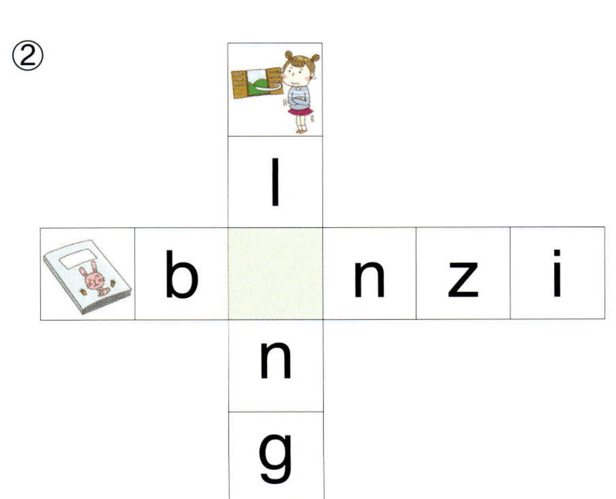

3 다음을 잘 듣고 내용과 일치하면 ○표를, 틀리면 X표를 하세요. 

① 

② 

4 다음 그림을 주어진 색깔대로 예쁘게 색칠하세요.

① 

黄色 huángsè

② 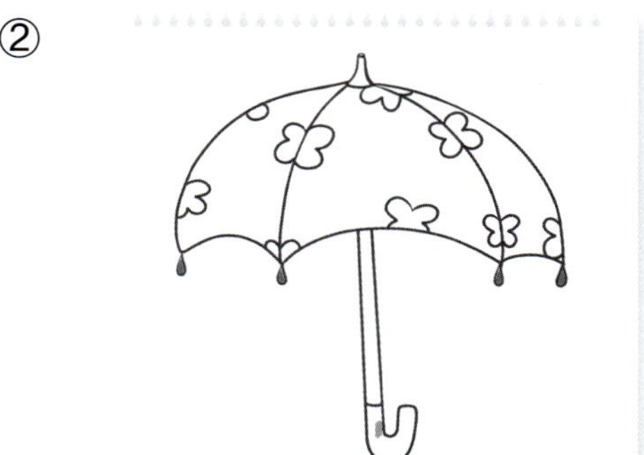

蓝色 lánsè

③ 

红色 hóngsè

④ 

绿色 lǜsè

5 다음 노래를 잘 듣고 보기 에서 알맞은 한자와 병음을 찾아 빈칸에 써 넣으세요. 

보기	白色	黑色	红色	蓝色	黄色	绿色
	báisè	hēisè	hóngsè	lánsè	huángsè	lǜsè

我喜欢 ， 。
Wǒ xǐhuan ， .

我喜欢 ， 。
Wǒ xǐhuan ， .

我喜欢 ， 。
Wǒ xǐhuan ， .

你喜欢什么颜色?
Nǐ xǐhuan shénme yánsè?

나는 빨간색, 파란색을 좋아해.
나는 하얀색, 검은색을 좋아해.
나는 노란색, 초록색을 좋아해.
너는 무슨 색을 좋아해?

6 다음 물감들을 섞으면 무슨 색이 되는지 알맞은 스티커를 붙이고, 보기 에서 알맞은 병음을 찾아 써 넣으세요.

보기 chéngsè   fěnhóngsè   lǜsè   tiānlánsè

① 

② 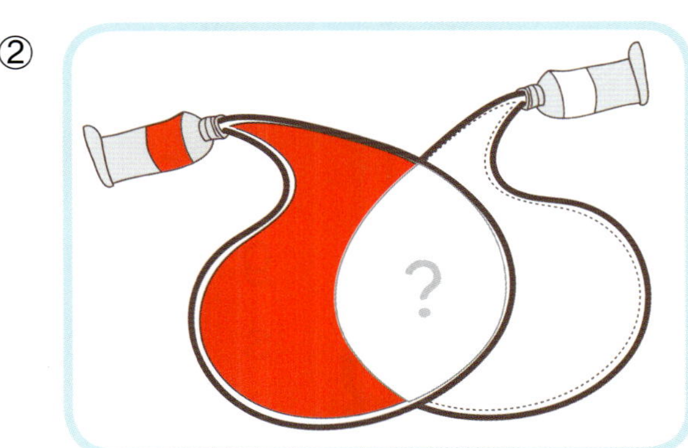

③ 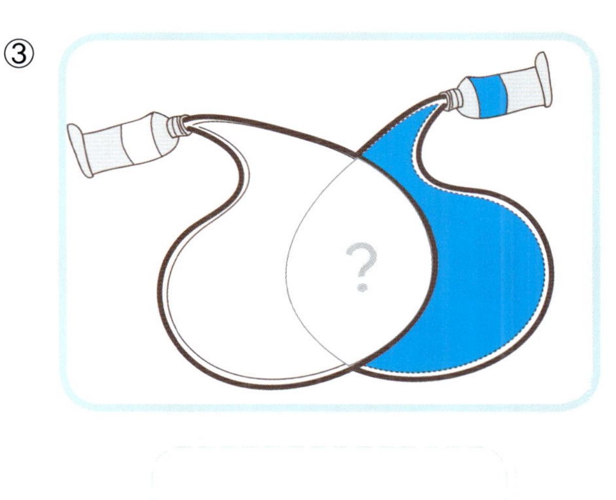

④ 

7 다음 퍼즐에서 색깔을 나타내는 병음을 모두 찾아 ○표를 한 후 빈칸에 알맞은 병음을 쓰세요.

h	o	n	g	s	e	h	l	n	e
o	l	c	s	y	e	j	a	f	a
h	m	b	d	j	h	e	n	e	w
u	f	d	a	f	j	h	s	n	a
a	g	n	s	i	c	o	e	h	n
n	e	l	z	z	s	s	c	o	l
g	h	e	i	s	e	e	t	n	ǜ
s	e	s	t	w	s	u	i	g	s
e	e	a	c	h	e	n	g	s	e
t	i	a	n	l	a	n	s	e	s

① 
红色

②
黄色

③
蓝色

④
黑色

⑤ 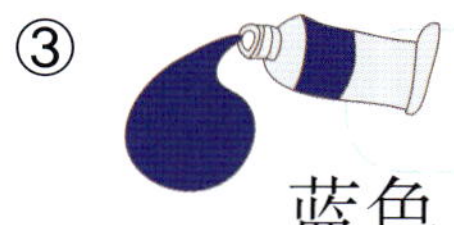
白色

⑥ 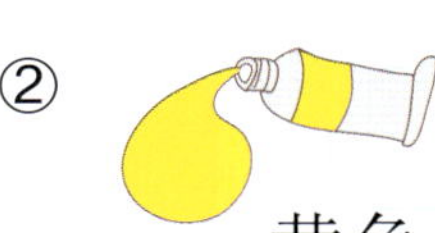
绿色

⑦ 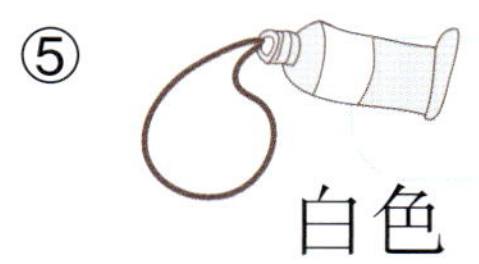
粉红色

⑧
天蓝色

⑨ 
橙色

⑩ 
紫色

8 큰 소리로 읽으며 한자와 병음을 예쁘게 써 보세요.

| 喜欢
xǐhuan
좋아하다 | 喜 欢
xǐhuan | | |

| 颜色
yánsè
색깔 | 颜 色
yánsè | | |

| 红色
hóngsè
빨간색 | 红 色
hóngsè | | |

| 蓝色
lánsè
파란색 | 蓝 色
lánsè | | |

| 黄色
huángsè
노란색 | 黄 色
huángsè | | |

CD 04

1 다음을 잘 듣고 알맞은 발음에 ○표를 한 후 병음을 완성하세요.

①    ié   iā

x＿＿＿

②    ié   iā

x＿＿＿

2 다음을 잘 듣고 알맞은 것끼리 연결하세요. 

① ia •  • jīnyú

② ie •  • xiā

③ in •  • xīngxing

④ ing •  • xié

3 다음을 잘 듣고 친구들이 가지고 있는 물건을 찾아 스티커를 붙이세요. 

①  ?

②  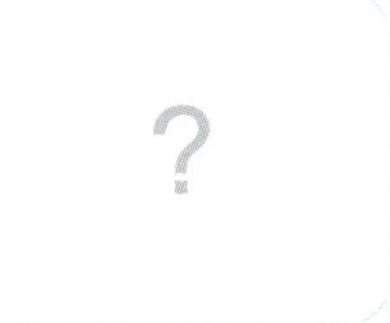 ?

③  ?

④   ?

4 다음 그림에 맞는 한자를 색칠하고 병음을 따라 써 보세요.

①  

有
yǒu

② 

沒有
méiyǒu

5 다음 노래를 잘 듣고 보기 에서 알맞은 한자와 병음을 찾아 빈칸에 써 넣으세요. 

보기

有　　　没有
yǒu　　méiyǒu

(1절)　你　　铅笔吗?　　我　　　铅笔。
　　　　Nǐ　　qiānbǐ ma?　　Wǒ　　qiānbǐ.

　　　　你　　橡皮吗?　　我　　　橡皮。
　　　　Nǐ　　xiàngpí ma?　　Wǒ　　　xiàngpí.

(2절)　你　　本子吗?　　我　　　本子。
　　　　Nǐ　　běnzi ma?　　Wǒ　　běnzi.

　　　　你　　剪刀吗?　　我　　　剪刀。
　　　　Nǐ　　jiǎndāo ma?　　Wǒ　　　jiǎndāo.

(1절) 너 연필 있니? 나 연필 있어.
　　　너 지우개 있니? 나 지우개 없어.
(2절) 너 공책 있니? 나 공책 있어.
　　　너 가위 있니? 나 가위 없어.

환환이가 방 안에서 물건들을 찾고 있어요. 물건을 찾아주고 ○표를 하세요.

• 찾은 물건 이름을 아래에서 모두 찾아 ○표를 하세요.

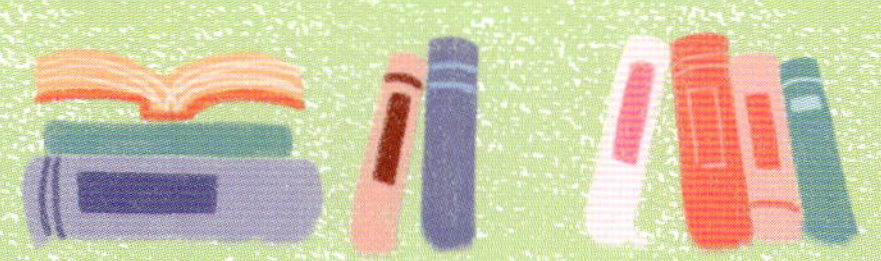

7 다음 그림을 보고 알맞은 것에 ○표를 하고 문장을 완성해 보세요.

① 欢欢(有，没有)尺子。
Huānhuan (yǒu, méiyǒu) chǐzi.

② 大韩(有，没有)铅笔。
Dàhán (yǒu, méiyǒu) qiānbǐ.

③ 未来(有，没有)剪刀。
Wèilái (yǒu, méiyǒu) jiǎndāo.

④ 杰克(有，没有)本子。
Jiékè (yǒu, méiyǒu) běnzi.

⑤ 玛丽(有，没有)尺子。
Mǎlì (yǒu, méiyǒu) chǐzi.

⑥ 玲玲(有，没有)橡皮。
Língling (yǒu, méiyǒu) xiàngpí.

8 큰 소리로 읽으며 한자와 병음을 예쁘게 써 보세요.

有 yǒu 있다	有 yǒu				

没有 méiyǒu 없다	没　有 méiyǒu		

铅笔 qiānbǐ 연필	铅　笔 qiānbǐ		

橡皮 xiàngpí 지우개	橡　皮 xiàngpí		

本子 běnzi 공책	本　子 běnzi		

1 다음을 잘 듣고 큰 소리로 병음을 읽으면서 써 보세요. 

① iao

② ian

③ iang

2 다음을 잘 듣고 알맞은 것끼리 연결하세요.

① 
表　b ＋ iāo / iáo / iǎo / iào ➡

② 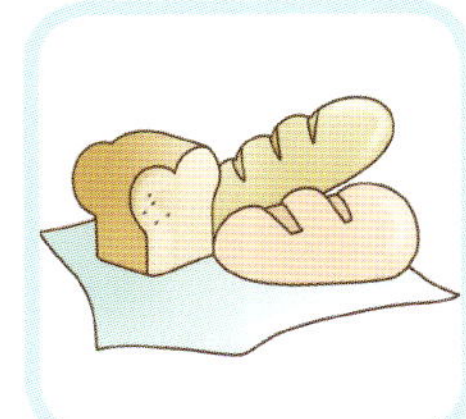
面包　m ＋ iān / ián / iǎn / iàn ＋ bāo ➡

③ 
月亮　yuè ＋ l ＋ iāng / iáng / iǎng / iang ➡

 **3** 다음을 잘 듣고 내용과 일치하면 ○표를, 틀리면 X표를 하세요. 🎧

① 

② 

4 다음 우리말 뜻에 맞게 보기 에서 중국어를 찾아 알맞게 배열하세요.

보기	不是	这	的	我
	bú shì	Zhè	de	wǒ

① 이건 내 것이 아니야. ➡

보기	是	这	的	我
	shì	Zhè	de	wǒ

② 이건 내 거야. ➡

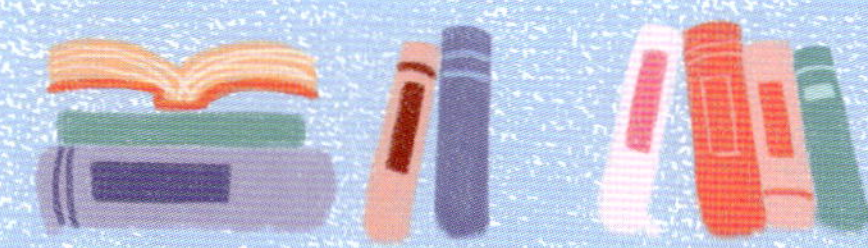

5 다음 노래를 잘 듣고 보기 에서 알맞은 한자와 병음을 찾아 빈칸에 써 넣으세요. 

보기

谁的	她的	我的	他的
shéi de	tā de	wǒ de	tā de

(1절) 这是 　　　? 这是 　　　。
Zhè shì 　　　? Zhè shì 　　　.

这是大韩的。 这是 　　　。
Zhè shì Dàhán de. Zhè shì 　　　.

(2절) 那是 　　　? 那是 　　　。
Nà shì 　　　? Nà shì 　　　.

那是玛丽的。 那是 　　　。
Nà shì Mǎlì de. Nà shì 　　　.

(1절) 이건 누구거니? 이건 내 거야.
이건 대한이 거야. 이건 쟤(남자) 거야.

(2절) 저건 누구거니? 저건 내 거야.
저건 마리 거야. 저건 쟤(여자) 거야.

6 사다리를 타고 내려간 후 문장을 완성하고 중국어로 말해 보세요.

① Zhè shì   de.   ③ Zhè shì   de.

② Nà shì   de.   ④ Nà shì   de.

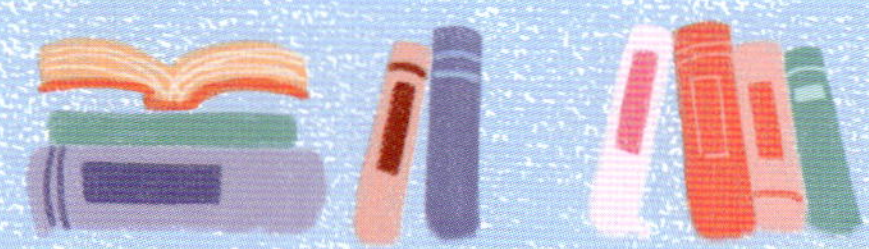

7 누구의 물건인지 알맞게 스티커를 붙이고 바르게 연결해 보세요.

爸爸

妈妈

① ② ③ ④ ⑤ ⑥

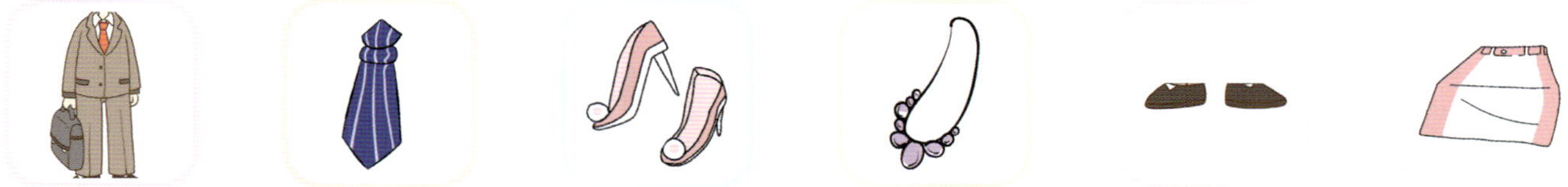

Zhè shì bàba de.　　　　Zhè shì māma de.

8 큰 소리로 읽으며 한자와 병음을 예쁘게 써 보세요.

的
de
~의 것, ~의

这
zhè
이, 이것

谁的
shéi de
누구의 것,
누구의

那
nà
저, 저것

CD 06

1 빈칸에 들어갈 알맞은 말을 찾아 스티커를 붙이세요.

① 

② 

③ 

④ 

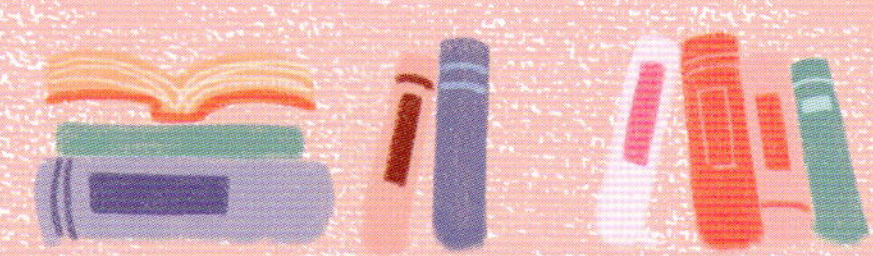

2 이야기를 잘 듣고, 다음 물음에 답해 보세요. 

1) 착한 나무꾼이 할아버지께 드린 음식은 무엇인가요? 모두 고르세요.

① 牛奶 niúnǎi
② 汉堡包 hànbǎobāo
③ 可乐 kělè
④ 面包 miànbāo

2) 착한 나무꾼과 욕심쟁이 나무꾼이 좋아하는 색깔은 각각 무엇인가요?

① 黄色 huángsè – 黑色 hēisè
② 红色 hóngsè – 白色 báisè
③ 蓝色 lánsè – 黑色 hēisè
④ 蓝色 lánsè – 黄色 huángsè

3) 착한 나무꾼이 할아버지가 보여 주신 금도끼와 은도끼를 보며 한 말은 무엇인가요?

① 这是我的。　Zhè shì wǒ de.
② 这不是我的。　Zhè bú shì wǒ de.
③ 这都是我的。　Zhè dōu shì wǒ de.
④ 这是你的吗？　Zhè shì nǐ de ma?

4) 욕심쟁이 나무꾼이 할아버지가 보여 주신 금도끼와 은도끼를 보며 한 말은 무엇인가요?

① 这是他的。　Zhè shì tā de.
② 这不是我的。　Zhè bú shì wǒ de.
③ 这都是我的。　Zhè dōu shì wǒ de.
④ 这是你的吗？　Zhè shì nǐ de ma?

  자신이 좋아하는 색깔로 멋지게 전지 공예를 해 보세요.

'지엔즈(剪纸 jiǎnzhǐ)'는 종이를 가위로 오려서 아름다운 모양을 만드는 민속 공예예요. 종이와 가위만 가지고 새, 나비, 꽃, 글자 등 못 만드는 것이 없을 정도랍니다. 옛날 중국 사람들은 명절이나 결혼식 때 창문, 벽, 거울 등에 지엔즈를 붙이면 나쁜 일은 사라지고 좋은 일이 생길 것이라고 믿었답니다.

그럼 지금부터 지엔즈를 만들어 볼까요?

따라하기 1

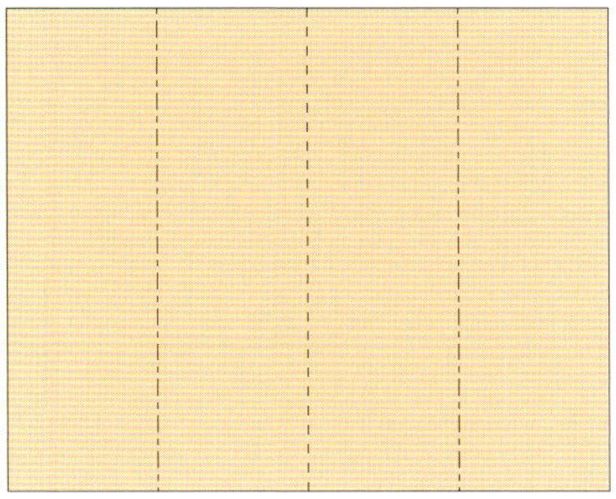

1. 앞면을 세로로 4등분해서 접었다 펴 주세요.

따라하기 2

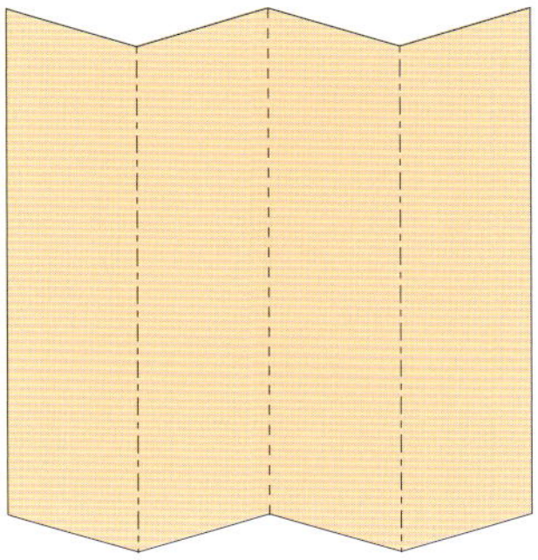

2. 뒷면이 보이도록 두 번 접어 주세요.

따라하기 3

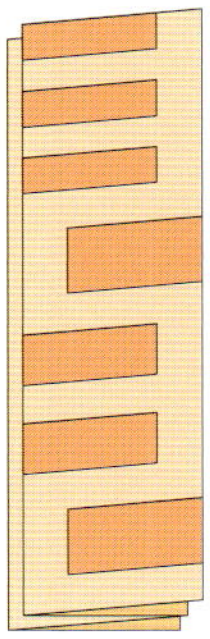

3. 펜으로 잘라낼 부분을 그려 주세요.

따라하기 4

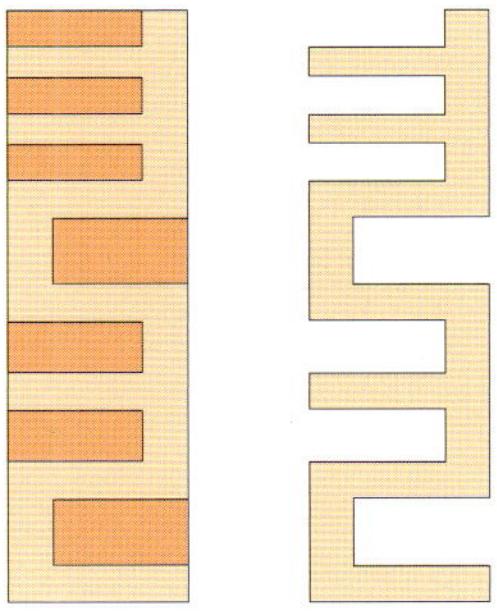

4. 펜으로 그린 부분을 가위로 잘라 주세요.

완성

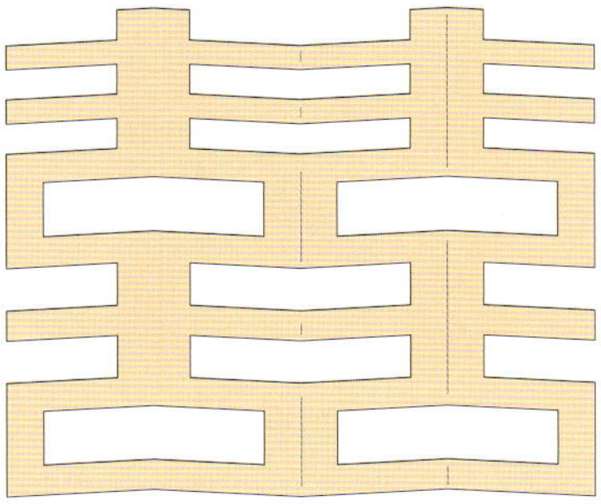

CD 07

1 다음을 잘 듣고 큰 소리로 병음을 읽으면서 써 보세요.

① iu

② iong

③ er

2 다음을 잘 듣고 보기 에서 알맞은 병음을 찾아 빈칸에 써 넣으세요.

보기　ěr　ióng　iú

① 熊猫

x＿＿māo

② 球

q＿＿

③ 耳朵

＿＿duo

3 다음을 잘 듣고 내용과 일치하는 그림어 ○표를 하세요. 

①

②

4 알맞은 것끼리 연결하세요.

今天 jīntiān ●	● 며칠
几月 jǐ yuè ●	● 오늘
几号 jǐ hào ●	● 무슨 요일
星期几 xīngqī jǐ ●	● 몇 월

5 다음 노래를 잘 듣고 보기 에서 알맞은 한자와 병음을 찾아 빈칸에 써 넣으세요. 

보기

月	星期	号
yuè	xīngqī	hào

今天几　　　几　　　？　　Jīntiān jǐ　　jǐ　　？
五　　　五　　　。　　Wǔ　　wǔ　　.
今天　　　几？　　Jīntiān　　jǐ？
　　　一。　　　　　yī.
今天几　　　几　　　？　　Jīntiān jǐ　　jǐ　　？
七　　　七　　　。　　Qī　　qī　　.
今天　　　二。　　Jīntiān　　'èr.

오늘 **몇 월 며칠**이야?
5월 5일이야.
오늘 무슨 **요일**이야?
월**요일**이야.
오늘 **몇 월 며칠**이야?
7월 7일이야.
오늘은 **화요일**이야.

6 빈칸에 알맞은 스티커를 붙여 요일 나무를 완성하고 큰 소리로 읽으면서 써 보세요.

• 위의 요일 나무를 보고 요일 순서대로 큰 소리로 읽으면서 빈칸에 병음을 써 넣으세요.

월요일　星期一	화요일　星期二
수요일　星期三	목요일　星期四
금요일　星期五	토요일　星期六
일요일　星期天	

7 달력을 보고 친구들의 생일이 맞으면 ○표를, 틀리면 ×표를 하세요.

9월 9일

7월 25일

4월 15일

7월 7일

1월 1일

7월 30일

① 我的生日是六月六号。
Wǒ de shēngrì shì liù yuè liù hào.

② 我的生日是七月二十五号。
Wǒ de shēngrì shì qī yuè èrshíwǔ hào.

③ 我的生日是四月十五号。
Wǒ de shēngrì shì sì yuè shíwǔ hào.

④ 我的生日是九月九号。
Wǒ de shēngrì shì jiǔ yuè jiǔ hào.

⑤ 我的生日是一月一号。
Wǒ de shēngrì shì yī yuè yī hào.

⑥ 我的生日是七月三十号。
Wǒ de shēngrì shì qī yuè sānshí hào.

8 큰 소리로 읽으며 한자와 병음을 예쁘게 써 보세요.

今天
jīntiān
오늘

月
yuè
월

号
hào
일

星期
xīngqī
요일

几
jǐ
몇

CD 08

1 다음을 잘 듣고 큰 소리로 따라 읽으면서 써 보세요. 

① yá + sh + uā ➡ 牙刷 yáshuā

② sh + uài ➡ 帅 shuài

③ ch + uán ➡ 船 chuán

④ ch + uáng ➡ 床 chuáng

2 다음을 잘 듣고 퍼즐에서 단어를 찾아 ○표를 한 후 그림에 알맞은 병음을 쓰세요. 

n	c	y	a	g	s
g	h	a	h	s	h
h	u	s	c	h	u
y	a	s	h	u	a
a	n	g	u	a	y
s	g	a	a	i	a
h	i	h	n	h	i

3 다음을 잘 듣고 시간을 그려 넣으세요. 

①  

② 

③  

④ 

4 알맞은 것끼리 연결하세요.

点 시	●	●	xiànzài
半 반, 30분	●	●	bàn
分 분	●	●	diǎn
现在 현재, 지금	●	●	fēn

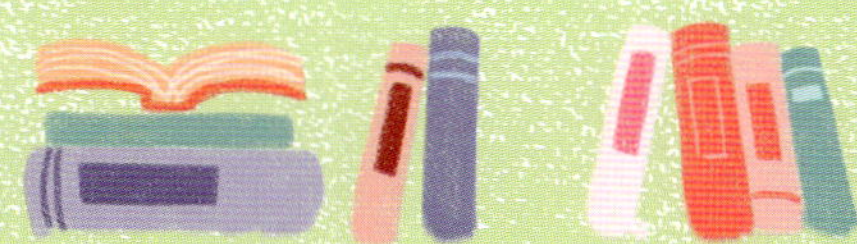

5 다음 노래를 잘 듣고 보기 에서 알맞은 한자와 병음을 찾아 빈칸에 써 넣으세요. 

보기

几点	现在
jǐ diǎn	xiànzài

?　　?　　几点?
?　　?　　jǐ diǎn?

一点。　两点。　七点。
Yī diǎn. Liǎng diǎn. Qī diǎn.

?　　?　　几点?
?　　?　　jǐ diǎn?

몇 시? 몇 시? 지금 몇 시야?
1시. 2시. 7시.
몇 시? 몇 시? 지금 몇 시야?

6 친구들이 말하는 시간과 일치하는 스티커를 찾아 붙이세요.

① Xiànzài bā diǎn bàn.　?

② Xiànzài liǎng diǎn.　?

③ Xiànzài jiǔ diǎn wǔ fēn.　?

④ Xiànzài shí'èr diǎn shí fēn.　?

⑤ Xiànzài yī diǎn shí fēn.　?

⑥ Xiànzài wǔ diǎn.　?

7과 现在几点? 지금 몇 시야?

7 다음 질문에 알맞은 시간을 그려 넣고, 중국어로 답해 보세요.

① 아침에 몇 시에 일어나요?

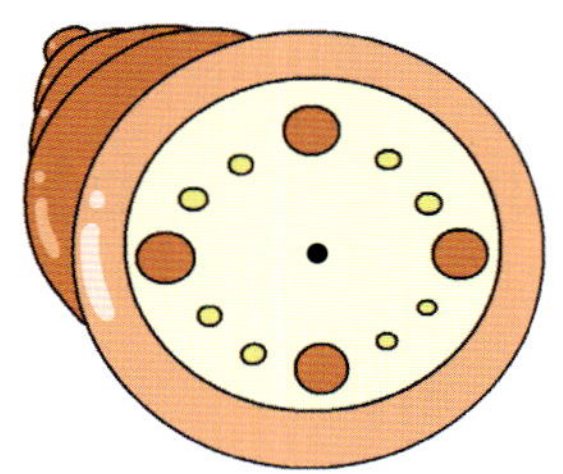

____diǎn____fēn

② 어제 밤에 몇 시에 잤나요?

____diǎn____fēn

③ 몇 시에 점심을 먹나요?

____diǎn____fēn

④ 오늘 몇 시에 수업을 시작하나요?

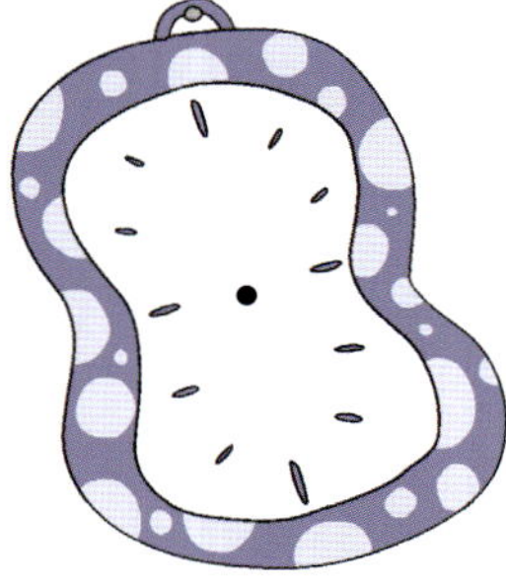

____diǎn____fēn

⑤ 오늘 몇 시에 수업을 마치나요?

____diǎn____fēn

现在
xiànzài
현재, 지금

现在
xiànzài

点
diǎn
시

点
diǎn

分
fēn
분

分
fēn

半
bàn
반, 30분

半
bàn

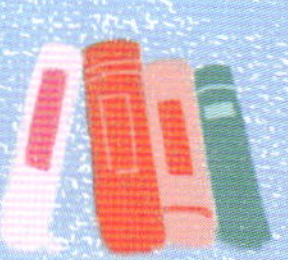

 CD 09

1 다음을 잘 듣고 큰 소리로 따라 읽으면서 써 보세요.

① k + ùn ➡ 困

② l + óng ➡ 龙

③ sh + uǐ ➡ 水

④ l + uò + t + uo ➡ 骆驼

2 다음을 잘 듣고 알맞은 것끼리 연결하세요.

① 　② 　③ 　④ 

luòtuo　　　lóng　　　kùn　　　shuǐ

3 다음 그림에 스티커를 붙여 완성하고 알맞은 것끼리 연결하세요.

① 

② 

③ 

④ 

洗手间 xǐshǒujiān

书房 shūfáng

厨房 chúfáng

客厅 kètīng

 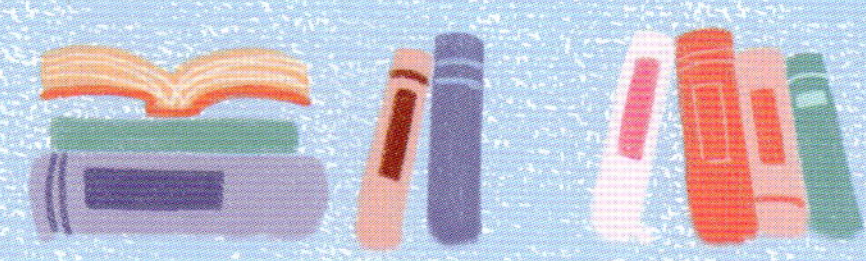

4 다음 노래를 잘 듣고 보기 에서 알맞은 병음을 찾아 빈칸에 써 넣으세요. 

보기

书房	洗手间	厨房
shūfáng	xǐshǒujiān	chúfáng

在哪儿? 在哪儿? 爸爸在哪儿? 书房, 书房, 在　　　。
Zài nǎr? Zài nǎr? Bàba Zài nǎr? Shūfáng, shūfáng, zài　　　.

在哪儿? 在哪儿? 妈妈在哪儿? 厨房, 厨房, 在　　　。
Zài nǎr? Zài nǎr? Māma zài nǎr? Chúfáng, chúfáng, zài　　　.

在哪儿? 在哪儿? 哥哥在哪儿? 洗手间, 在　　　。
Zài nǎr? Zài nǎr? Gēge zài nǎr? Xǐshǒujiān, zài　　　.

어디 계셔, 어디 계셔, 아빠는 어디 계셔? 서재, 서재, 서재에 계셔.
어디 계셔, 어디 계셔, 엄마는 어디 계셔? 부엌, 부엌, 부엌에 계셔.
어디 있어, 어디 있어, 형(오빠)은 어디 있어? 화장실, 화장실에 있어.

5 그림을 보고 질문에 알맞은 답을 보기 에서 찾아 써 넣으세요.

보기   chúfáng   xǐshǒujiān   shūfáng   kètīng   yángtái

①  

Dàhán zài nǎr?
Dàhán zài ___________ .

②  

Jiékè zài nǎr?
Jiékè zài ___________ .

③  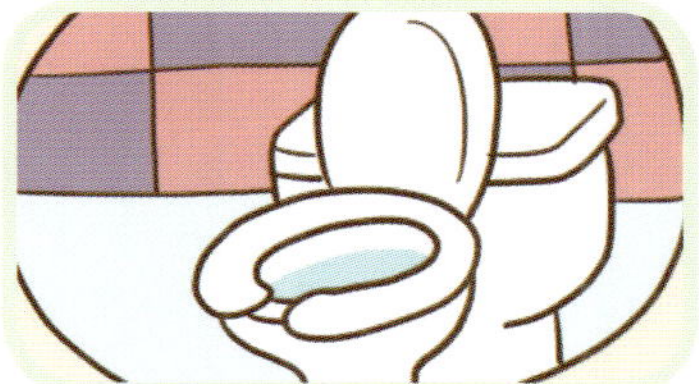

Língling zài nǎr?
Língling zài ___________ .

④  

Huānhuan zài nǎr?
Huānhuan zài ___________ .

⑤  

Mǎlì zài nǎr?
Mǎlì zài ___________ .

6 다음 그림에서 잭의 가족들이 어디에 있는지 찾아 ○표를 하고 답해 보세요.

 큰 소리로 읽으며 한자와 병음을 예쁘게 써 보세요.

在
zài
~에 있다

在
zài

哪儿
nǎr
어디

哪 儿
nǎr

书房
shūfáng
서재

书 房
shūfáng

厨房
chúfáng
부엌, 주방

厨 房
chúfáng

客厅
kètīng
거실

客 厅
kètīng

CD 10

1 다음을 잘 듣고 같은 음끼리 표기되어 있는 것을 찾아 연결하세요. 

① ün　•　•　yuan

② üan　•　•　yue

③ üe　•　•　yun

2 다음을 잘 듣고 알맞은 것끼리 연결하세요.

① üan　•　•　　•　•　xuěrén

② ün　•　•　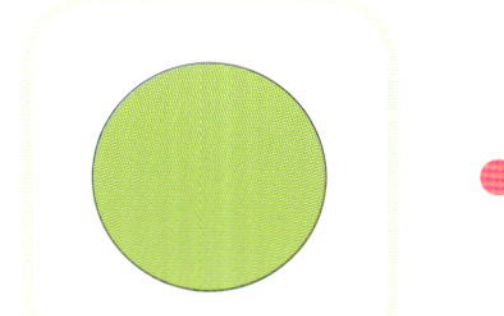　•　•　yún

③ üe　•　•　●　•　•　yuán

3 다음을 잘 듣고 내용과 일치하는 그림에 ○표를 하세요. 

①

②

4 다음 그림에 맞는 한자를 색칠하고 병음을 따라 써 보세요.

①

②

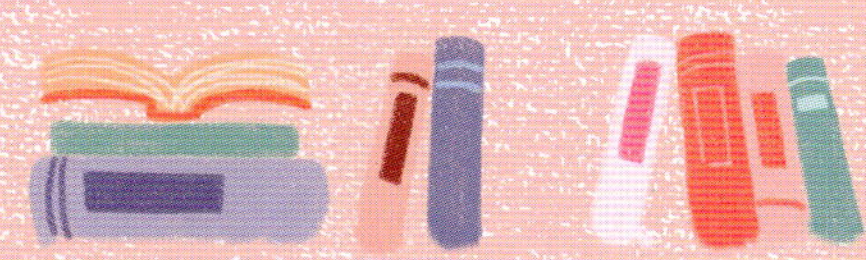

5 다음 노래를 잘 듣고 보기 에서 알맞은 한자와 병음을 찾아 빈칸에 써 넣으세요. 

보기	游泳	滑冰	不会	滑雪
	yóuyǒng	huábīng	bú huì	huáxuě

你会　　　吗?　　　　Nǐ huì 　　　　　ma?

我会　　　。　　　　Wǒ huì 　　　　　.

她会游泳吗?　　　　Tā huì yóuyǒng ma?

她　　　游泳。　　　Tā 　　　　　yóuyǒng.

我会　　　,　　　　Wǒ huì 　　　　　,

不会　　　。　　　　bú huì 　　　　　.

我会打篮球,　　　　Wǒ huì dǎ lánqiú,

不会打棒球。　　　　bú huì dǎ bàngqiú.

너는 수영할 줄 아니? 나는 수영할 줄 알아.
쟤(여자)는 수영할 줄 아니? 쟤(여자)는 수영 못 해.
나는 스케이트 탈 줄 알아, 스키 못 타.
나는 농구할 줄 알아, 야구 못 해.

6 다음 선을 따라 알맞게 연결한 후 큰 소리로 읽으면서 써 보세요.

보기	会	不会	游泳	打棒球	打篮球	滑雪	滑冰
	huì	bú huì	yóuyǒng	dǎ bàngqiú	dǎ lánqiú	huáxuě	huábīng

① 杰克 　　　　　　　　　。
Jiékè

② 欢欢 　　　　　　　　　。
Huānhuan

③ 玲玲 　　　　　　　　　。
Língling

④ 玛丽 　　　　　　　　　。
Mǎlì

⑤ 大韩 　　　　　　　　　。
Dàhán

⑥ 未来 　　　　　　　　　。
Wèilái

7 다음 그림을 보고 보기 에서 알맞은 단어를 찾아 대화를 완성해 보세요.

| 보기 | 不会 bú huì | 游泳 yóuyǒng |

①  你会　　　吗?
Nǐ huì 　　　 ma?

②  我会　　　。
Wǒ huì 　　　 .

③  你妹妹会　　　吗?
Nǐ mèimei huì 　　　 ma?

④  她　　　游泳。
Tā 　　　 yóuyǒng.

 큰 소리로 읽으며 한자와 병음을 예쁘거 써 보세요.

会
huì
~할 줄 안다

不会
bú huì
~할 줄 모른다,
~못 한다

游泳
yóuyǒng
수영하다

滑冰
huábīng
스케이팅,
스케이트를 타다

滑雪
huáxuě
스키, 스키를 타다

CD 11

1 빈칸에 들어갈 알맞은 말을 찾아 스티커를 붙이세요.

① 

② 

③

?
Xiànzài shí'èr diǎn.
?
Huīgūniang, zàijiàn!

④

?
Zhè bú shì nǐmen de.
Shì, zhè shì wǒ de.
?
?
Nǐ de bōlixié zài nǎr?

61

2 이야기를 잘 듣고, 다음 물음에 답해 보세요. 

1) 신데렐라가 초대받은 파티의 날짜는 몇 월 며칠인가요?

① 五月五号 wǔ yuè wǔ hào ② 九月七号 jiǔ yuè qī hào

③ 七月七号 qī yuè qī hào ④ 七月九号 qī yuè jiǔ hào

2) 신데렐라가 할 수 있다고 말한 운동끼리 바르게 짝지어진 것을 고르세요.

① 游泳 yóuyǒng – 跳舞 tiàowǔ ② 游泳 yóuyǒng – 滑雪 huáxuě

③ 滑冰 huábīng – 跳舞 tiàowǔ ④ 滑冰 huábīng – 游泳 yóuyǒng

3) 신데렐라의 마법이 풀리는 시간은 몇 시인가요?

① 八点半 bā diǎn bàn ② 九点五分 jiǔ diǎn wǔ fēn

③ 两点 liǎng diǎn ④ 十二点 shí'èr diǎn

4) 신데렐라는 유리 구두 한 짝을 어디에 두었나요?

① 厨房 chúfáng ② 阁楼 gélóu

③ 客厅 kètīng ④ 洗手间 xǐshǒujiān

3 아래 표를 중국어로 예쁘게 작성하고 친구들의 질문에 큰 소리로 답해 보세요.

❶ 무슨 색을 좋아해요?

❷ 생일이 몇 월 며칠이에요?

❸ 잘 할 수 있는 운동은 무엇이에요?

❹ 여러분 가방 속에는 어떤 물건들이 있는지 그려 보세요.

❺ 먹고 싶은 음식을 그려 보세요.

❻ 예쁜 집을 그리고 함께 사는 가족을 소개해 보세요.

어린이 중국어

정답

8~9p

1과 你吃什么? 너는 뭐 먹니?
Nǐ chī shénme? CD 02

1 다음을 잘 듣고 큰 소리로 따라 읽으면서 써 보세요.

① ai ai ai ai ai
② ei ei ei ei ei
③ ao ao ao ao ao
④ ou ou ou ou ou

2 다음을 잘 듣고 알맞은 것끼리 연결하세요.

① — mèimei
② — màozi
③ — kǒu
④ — ài

3 음식의 이름을 찾아 빈칸에 써 넣으세요.

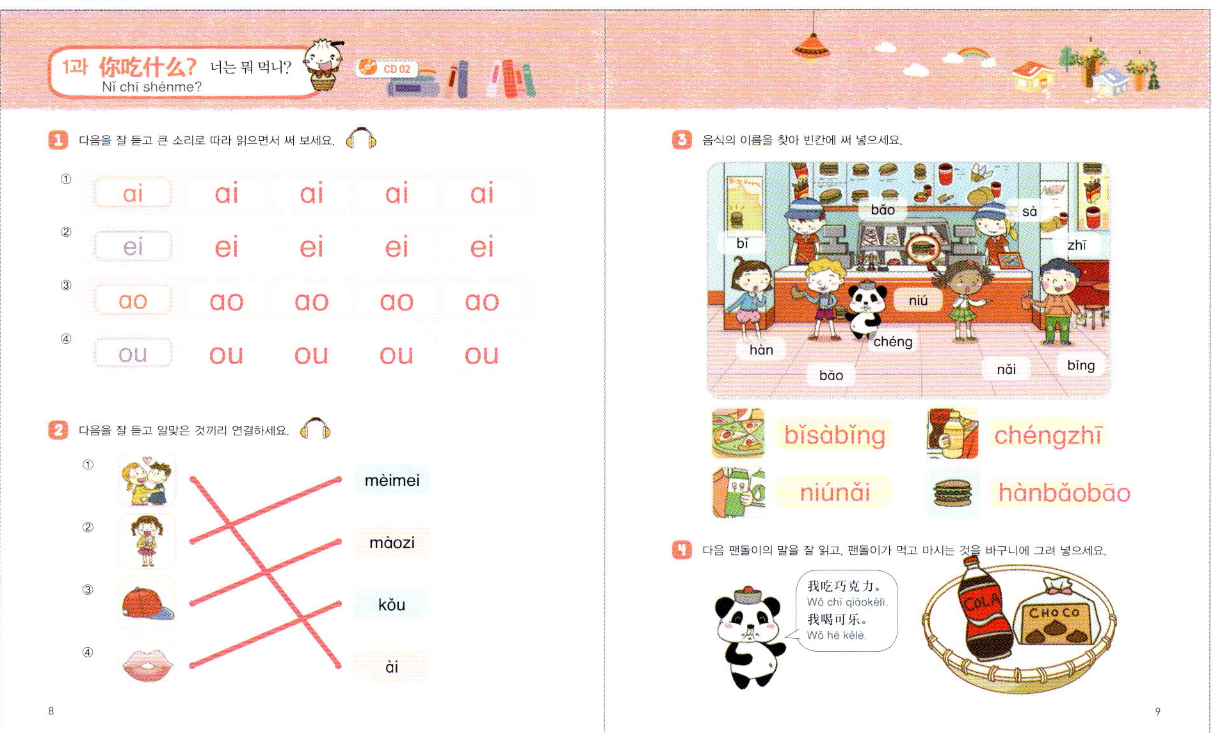

bǐsàbǐng chéngzhī
niúnǎi hànbǎobāo

4 다음 팬돌이의 말을 잘 읽고, 팬돌이가 먹고 마시는 것을 바구니에 그려 넣으세요.

10~11p

1과 你吃什么? 너는 뭐 먹니?

5 다음 노래를 잘 듣고 보기에서 알맞은 한자와 병음을 찾아 빈칸에 써 넣으세요.

보기
喝   吃
hē   chī

(1절) 你 吃 什么?   我 吃 比萨饼。
Nǐ chī shénme?   Wǒ chī bǐsàbǐng.

你 喝 什么?   我 喝 牛奶。
Nǐ hē shénme?   Wǒ hē niúnǎi.

(2절) 你 吃 什么?   我 吃 巧克力。
Nǐ chī shénme?   Wǒ chī qiǎokèlì.

你 喝 什么?   我 喝 橙汁。
Nǐ hē shénme?   Wǒ hē chéngzhī.

(1절) 너는 뭐 먹니? 나는 피자 먹어.
너는 뭐 마시니? 나는 우유 마셔.
(2절) 너는 뭐 먹니? 나는 초콜릿 먹어.
너는 뭐 마시니? 나는 오렌지주스 마셔.

6 다음을 잘 듣고 알맞은 것끼리 연결하세요.

1과 你吃什么? 너는 뭐 먹니?

7 친구들이 무엇을 먹고 마시는지 알맞게 스티커를 붙이고, 큰 소리로 읽어 보세요.

我吃冰淇淋。
Wǒ chī bīngqílín.

我吃冰淇淋和　　。
Wǒ chī bīngqílín hé hànbǎobāo

我吃冰淇淋，　　和　　。
Wǒ chī bīngqílín, hànbǎobāo hé bǐsàbǐng

我吃冰淇淋，　　，　　和　　。
Wǒ chī bīngqílín, hànbǎobāo bǐsàbǐng hé qiǎokèlì

2

我喝牛奶。
Wǒ hē niúnǎi.

我喝牛奶和　　。
Wǒ hē niúnǎi hé chéngzhī.

我喝牛奶，　　和　　。
Wǒ hē niúnǎi, chéngzhī hé kělè

12

8 큰 소리로 읽으며 한자와 병음을 예쁘게 써 보세요.

吃
chī
먹다
chī

喝
hē
마시다
hē

汉堡包
hànbǎobāo
햄버거
hànbǎobāo

可乐
kělè
콜라
kělè

13

2과 你喜欢什么颜色? 너는 무슨 색 좋아해?
Nǐ xǐhuan shénme yánsè?
CD 03

1 다음을 잘 듣고 성조에 맞게 큰 소리로 따라 읽으세요.

① an   ān   án   ǎn   àn
② en   ēn   én   ěn   èn
③ ang   āng   áng   ǎng àng
④ eng   ēng   éng   ěng èng

2 다음을 잘 듣고 빈칸에 공통으로 들어갈 병음을 보기 에서 찾아 써 보세요.

보기 a o e i

①
      p
m a n t o u
      n
      g

②
      l
b e n z i
      n
      g

14

3 다음을 잘 듣고 내용과 일치하면 O표를, 틀리면 X표를 하세요.

①   ②
O   X

4 다음 그림을 주어진 색깔대로 예쁘게 색칠하세요.

①
黄色 huángsè

②
蓝色 lánsè

③
红色 hóngsè

④
绿色 lǜsè

15

16~17p

2과 你喜欢什么颜色? 너는 무슨 색 좋아해?
5 다음 노래를 잘 듣고 보기에서 알맞은 한자와 병음을 찾아 빈칸에 써 넣으세요.
보기
白色 báisè 黑色 hēisè 红色 hóngsè 蓝色 lánsè 黄色 huángsè 绿色 lǜsè
我喜欢 红色, 蓝色。
Wǒ xǐhuan hóngsè, lánsè.
我喜欢 白色, 黑色。
Wǒ xǐhuan báisè, hēisè.
我喜欢 黄色, 绿色。
Wǒ xǐhuan huángsè, lǜsè.
你喜欢什么颜色?
Nǐ xǐhuan shénme yánsè?
나는 빨간색, 파란색을 좋아해.
나는 하얀색, 검은색을 좋아해.
나는 노란색, 초록색을 좋아해.
너는 무슨 색을 좋아해?
16
6 다음 물감들을 섞으면 무슨 색이 되는지 알맞은 스티커를 붙이고, 보기에서 알맞은 병음을 찾아 써 넣으세요.
보기 chéngsè fěnhóngsè lǜsè tiānlánsè
① lǜsè
② fěnhóngsè
③ tiānlánsè
④ chéngsè
17

18~19p

2과 你喜欢什么颜色? 너는 무슨 색 좋아해?
7 다음 퍼즐에서 색깔을 나타내는 병음을 모두 찾아 ○표를 한 후 빈칸에 알맞은 병음을 쓰세요.
h o n g s e h l l n e
o l c s y e j a f a
h m b d j h e n e w
u f d a f j h s n a n
a g n s i c o e h n
n e l z z s s c o l
g h e i s e e t n ù
s e s t w s u i g s
e a c h e n g s e
t i a n l a n s e s
① hóngsè 红色
② huángsè 黄色
③ lánsè 蓝色
④ hēisè 黑色
⑤ báisè 白色
⑥ lǜsè 绿色
⑦ fěnhóngsè 粉红色
⑧ tiānlánsè 天蓝色
⑨ chéngsè 橙色
⑩ zǐsè 紫色
18
8 큰 소리로 읽으며 한자와 병음을 예쁘게 써 보세요.
喜欢 xǐhuan 좋아하다   喜 欢 xǐhuan
颜色 yánsè 색깔   颜 色 yánsè
红色 hóngsè 빨간색   红 色 hóngsè
蓝色 lánsè 파란색   蓝 色 lánsè
黄色 huángsè 노란색   黄 色 huángsè
19

3과 我有铅笔 나 연필 있어
Wǒ yǒu qiānbǐ
CD 04
1 다음을 잘 듣고 알맞은 발음에 ○표를 한 후 병음을 완성하세요.
① ié iā   x ié
② ié iā   x iā
2 다음을 잘 듣고 알맞은 것끼리 연결하세요.
① ia
② ie
③ in
④ ing
jīnyú
xiā
xīngxing
xié
3 다음을 잘 듣고 친구들이 가지고 있는 물건을 찾아 스티커를 붙이세요.
① ② ③ ④
4 다음 그림에 맞는 한자를 색칠하고 병음을 따라 써 보세요.
① ②
有 yǒu
没有 méiyǒu
20
21

3과 我有铅笔 나 연필 있어
5 다음 노래를 잘 듣고 보기 에서 알맞은 한자와 병음을 찾아 빈칸에 써 넣으세요.
보기   有   没有
       yǒu   méiyǒu
(1절) 你 有 铅笔吗?   我 有 铅笔。
      Nǐ yǒu qiānbǐ ma?   Wǒ yǒu qiānbǐ.
      你 有 橡皮吗?   我 没有 橡皮。
      Nǐ yǒu xiàngpí ma?   Wǒ méiyǒu xiàngpí.
(2절) 你 有 本子吗?   我 有 本子。
      Nǐ yǒu běnzi ma?   Wǒ yǒu běnzi.
      你 有 剪刀吗?   我 没有 剪刀。
      Nǐ yǒu jiǎndāo ma?   Wǒ méiyǒu jiǎndāo.
(1절) 너 연필 있니? 나 연필 있어.
      너 지우개 있니? 나 지우개 없어.
(2절) 너 공책 있니? 나 공책 있어.
      너 가위 있니? 나 가위 없어.
6 환환이가 방 안에서 물건들을 찾고 있어요. 물건을 찾아주고 ○표를 하세요.
• 찾은 물건 이름을 아래에서 모두 찾아 ○표를 하세요.
圆珠笔 볼펜 yuánzhūbǐ
铅笔 연필 qiānbǐ
本子 공책 běnzi
蜡笔 크레파스 làbǐ
彩纸 색종이 cǎizhǐ
橡皮 지우개 xiàngpí
剪刀 가위 jiǎndāo
尺子 자 chǐzi
书包 책가방 shūbāo
22
23

24~25p

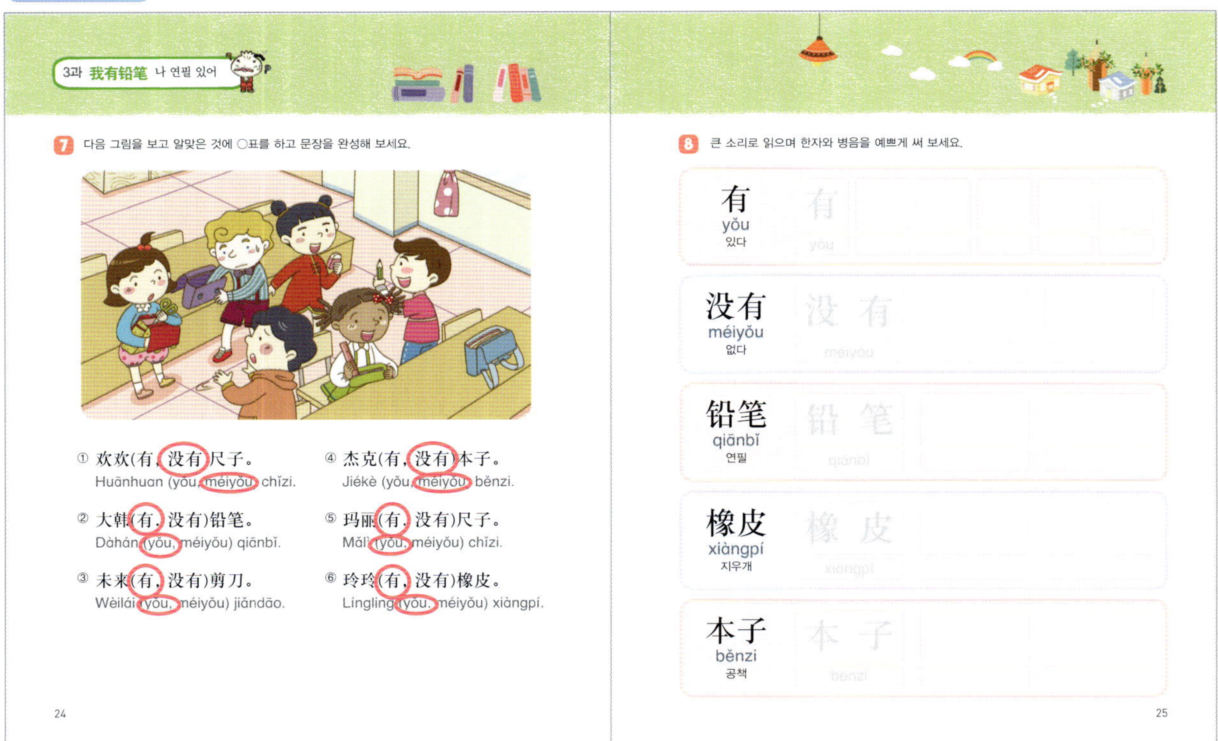

3과 我有铅笔 나 연필 있어

7 다음 그림을 보고 알맞은 것에 ○표를 하고 문장을 완성해 보세요.

① 欢欢(有, 没有)尺子。
Huānhuan (yǒu, méiyǒu) chǐzi.

② 大韩(有, 没有)铅笔。
Dàhán (yǒu, méiyǒu) qiānbǐ.

③ 未来(有, 没有)剪刀。
Wèilái (yǒu, méiyǒu) jiǎndāo.

④ 杰克(有, 没有)本子。
Jiékè (yǒu, méiyǒu) běnzi.

⑤ 玛丽(有, 没有)尺子。
Mǎlì (yǒu, méiyǒu) chǐzi.

⑥ 玲玲(有, 没有)橡皮。
Línglíng (yǒu, méiyǒu) xiàngpí.

8 큰 소리로 읽으며 한자와 병음을 예쁘게 써 보세요.

有 yǒu 있다   有 yǒu
没有 méiyǒu 없다   没有 méiyǒu
铅笔 qiānbǐ 연필   铅笔 qiānbǐ
橡皮 xiàngpí 지우개   橡皮 xiàngpí
本子 běnzi 공책   本子 běnzi

24   25

26~27p

4과 这是谁的? 이건 누구 거니?
Zhè shì shéi de?   CD 05

1 다음을 잘 듣고 큰 소리로 병음을 읽으면서 써 보세요.

① iao   iao iao iao iao
② ian   ian ian ian ian
③ iang   iang iang iang iang

2 다음을 잘 듣고 알맞은 것끼리 연결하세요.

① 表 b + iāo iáo iǎo iao ➡ biǎo

② 面包 m + iān ián iǎn iàn + bāo ➡ miànbāo

③ 月亮 yuè + l + iāng iáng iǎng iang ➡ yuèliang

3 다음을 잘 듣고 내용과 일치하면 ○표를, 틀리면 X표를 하세요.

①   ○   X

4 다음 우리말 뜻에 맞게 보기에서 중국어를 찾아 알맞게 배열하세요.

这是你的吗?
Zhè shì nǐ de ma?

보기   不是 这 的 我
bú shì Zhè de wǒ

① 이건 내 것이 아니야. ➡ 这不是我的。
Zhè bú shì wǒ de.

보기   是 这 的 我
shì Zhè de wǒ

② 이건 내 거야. ➡ 这是我的。
Zhè shì wǒ de.

26   27

4과 这是谁的? 이건 누구 거니?

5 다음 노래를 잘 듣고 [보기]에서 알맞은 한자와 병음을 찾아 빈칸에 써 넣으세요.

[보기]
谁的 shéi de
她的 tā de
我的 wǒ de
他的 tā de

(1절)
这是 谁的 ?
Zhè shì shéi de ?
这是 我的 。
Zhè shì wǒ de .

这是大韩的。
Zhè shì Dàhán de.
这是 他的 。
Zhè shì tā de .

(2절)
那是 谁的 ?
Nà shì shéi de?
那是 我的 。
Nà shì wǒ de .

那是玛丽的。
Nà shì Mǎlì de.
那是 她的 。
Nà shì tā de .

(1절) 이건 누구거니? 이건 내 거야.
이건 대한이 거야. 이건 쟤(남자) 거야.
(2절) 저건 누구거니? 저건 내 거야.
저건 마리 거야. 저건 쟤(여자) 거야.

6 사다리를 타고 내려간 후 문장을 완성하고 중국어로 말해 보세요.

① Zhè shì shéi de?
② Nà shì shéi de?
③ Zhè shì shéi de?
④ Nà shì shéi de?

① Zhè shì Wèilái de.
② Nà shì Mǎlì de.
③ Zhè shì Dàhán de.
④ Nà shì Huānhuan de.

28
29

4과 这是谁的? 이건 누구 거니?

7 누구의 물건인지 알맞게 스티커를 붙이고 바르게 연결해 보세요.

爸爸
妈妈

① ② ③ ④ ⑤ ⑥

Zhè shì bàba de.
Zhè shì māma de.

8 큰 소리로 읽으며 한자와 병음을 예쁘게 써 보세요.

的
de
~의 것, ~의
的
de

谁的
shéi de
누구의 것,
누구의
谁 的
shéi de

这
zhè
이, 이것
这
zhè

那
nà
저, 저것
那
na

30
31

32~33p

5과 金斧子银斧子 금도끼 은도끼
Jīn fǔzi yín fǔzi
CD 06

1 빈칸에 들어갈 알맞은 말을 찾아 스티커를 붙이세요.

①
Nǐ hē shénme?
Nǐ chī shénme?
Wǒ hē niúnǎi.
Wǒ chī miànbāo.

②
Nǐ yǒu yùndòngxié ma?
Méiyǒu.
Nǐ xǐhuan shénme yánsè?
Wǒ xǐhuan lánsè.

③
Nǐ yǒu biéde kùzi ma?
Nǐ yǒu biéde yùndòngxié ma?
Méiyǒu.
Méiyǒu.

④
Zhè shì nǐ de ma?
Zhè bú shì wǒ de.
Zhè shì nǐ de ma?
Shì, zhè dōu shì wǒ de.

32
33

34~35p

5과 金斧子银斧子 금도끼 은도끼

2 이야기를 잘 듣고, 다음 물음에 답해 보세요.

1) 착한 나무꾼이 할아버지께 드린 음식은 무엇인가요? 모두 고르세요.
① 牛奶 niúnǎi
② 汉堡包 hànbǎobāo
③ 可乐 kělè
④ 面包 miànbāo

2) 착한 나무꾼과 욕심쟁이 나무꾼이 좋아하는 색깔은 각각 무엇인가요?
① 黄色 huángsè – 黑色 hēisè
② 红色 hóngsè – 白色 báisè
③ 蓝色 lánsè – 黑色 hēisè
④ 蓝色 lánsè – 黄色 huángsè

3) 착한 나무꾼이 할아버지가 보여 주신 금도끼와 은도끼를 보며 한 말은 무엇인가요?
① 这是我的。 Zhè shì wǒ de.
② 这不是我的。 Zhè bú shì wǒ de.
③ 这都是我的。 Zhè dōu shì wǒ de.
④ 这是你的吗？ Zhè shì nǐ de ma?

4) 욕심쟁이 나무꾼이 할아버지가 보여 주신 금도끼와 은도끼를 보며 한 말은 무엇인가요?
① 这是他的。 Zhè shì tā de.
② 这不是我的。 Zhè bú shì wǒ de.
③ 这都是我的。 Zhè dōu shì wǒ de.
④ 这是你的吗？ Zhè shì nǐ de ma?

34

3 자신이 좋아하는 색깔로 멋지게 전지 공예를 해 보세요.

'지엔즈(剪纸 jiǎnzhǐ)'는 종이를 가위로 오려서 아름다운 모양을 만드는 민속 공예예요. 종이와 가위만 가지고 새, 나비, 꽃, 글자 등 못 만드는 것이 없을 정도랍니다. 옛날 중국 사람들은 명절이나 결혼식 때 창문, 벽, 거울 등에 지엔즈를 붙이면 나쁜 일은 사라지고 좋은 일이 생길 것이라고 믿었답니다. 그럼 지금부터 지엔즈를 만들어 볼까요?

따라하기 1
1. 앞면을 세로로 4등분해서 접었다 펴 주세요.

따라하기 2
2. 뒷면이 보이도록 두 번 접어 주세요.

따라하기 3
3. 펜으로 잘라낼 부분을 그려 주세요.

따라하기 4
4. 펜으로 그린 부분을 가위로 잘라 주세요.

완성

35

6과 今天几月几号? 오늘은 몇 월 며칠이야?
Jīntiān jǐ yuè jǐ hào?　CD 07

36　37

6과 今天几月几号? 오늘은 몇 월 며칠이야?

38　39

정답

6과 **今天几月几号?** 오늘은 몇 월 며칠이야?

7과 **现在几点?** 지금 몇 시야?
Xiànzài jǐ diǎn? CD 08

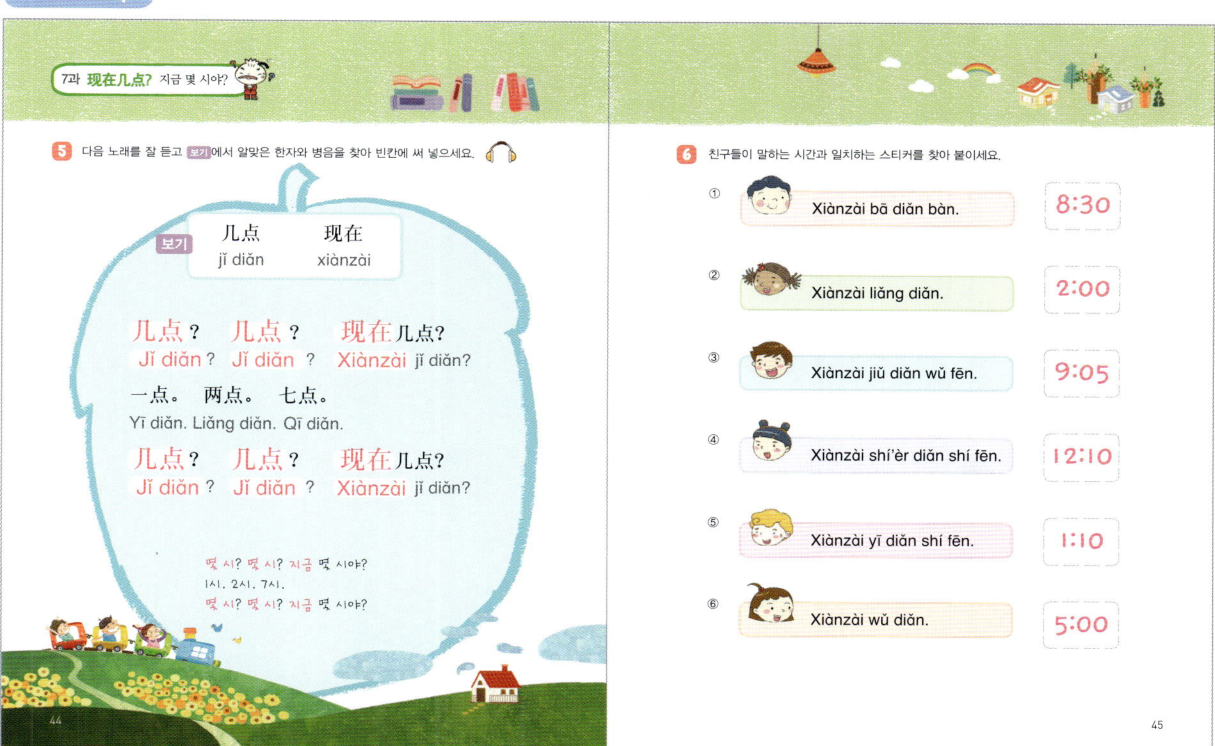

7과 现在几点? 지금 몇 시야?
5 다음 노래를 잘 듣고 보기 에서 알맞은 한자와 병음을 찾아 빈칸에 써 넣으세요.
보기
几点   现在
jǐ diǎn   xiànzài

几点?   几点?   现在几点?
Jǐ diǎn? Jǐ diǎn? Xiànzài jǐ diǎn?
一点。 两点。 七点。
Yī diǎn. Liǎng diǎn. Qī diǎn.
几点?   几点?   现在几点?
Jǐ diǎn? Jǐ diǎn? Xiànzài jǐ diǎn?

몇 시? 몇 시? 지금 몇 시야?
1시, 2시, 7시,
몇 시? 몇 시? 지금 몇 시야?

44

6 친구들이 말하는 시간과 일치하는 스티커를 찾아 붙이세요.
① Xiànzài bā diǎn bàn.   8:30
② Xiànzài liǎng diǎn.   2:00
③ Xiànzài jiǔ diǎn wǔ fēn.   9:05
④ Xiànzài shí'èr diǎn shí fēn. 12:10
⑤ Xiànzài yī diǎn shí fēn.   1:10
⑥ Xiànzài wǔ diǎn.   5:00

45

7과 现在几点? 지금 몇 시야?
7 다음 질문에 알맞은 시간을 그려 넣고, 중국어로 답해 보세요.
① 아침에 몇 시에 일어나요?   ___diǎn___fēn
② 어제 밤에 몇 시에 잤나요?   ___diǎn___fēn
③ 몇 시에 점심을 먹나요?   ___diǎn___fēn
④ 오늘 몇 시에 수업을 시작하나요? ___diǎn___fēn
⑤ 오늘 몇 시에 수업을 마치나요? ___diǎn___fēn

46

8 큰 소리로 읽으며 한자와 병음을 예쁘게 써 보세요.
现 在
现在
xiànzài
현재, 지금

点
diǎn
시
点
diǎn

分
fēn
분
分
fēn

半
bàn
반, 30분
半
bàn

47

48~49p

50~51p

76

8과 妈妈在哪儿? 엄마 어디 계시니?
6 다음 그림에서 책의 가족들이 어디에 있는지 찾아 ○표를 하고 답해 보세요.
他们在哪儿?
Tāmen zài nǎr?
奶奶在阳台。
Nǎinai zài yángtái.
哥哥在洗手间。
Gēge zài xǐshǒujiān.
爸爸在书房。
Bàba zài shūfáng.
妈妈在厨房。
Māma zài chúfáng.
爷爷在客厅。
Yéye zài kètīng.
52
7 큰 소리로 읽으며 한자와 병음을 예쁘게 써 보세요.
在 zài ~에 있다 zài
哪儿 nǎr 어디 nǎr
书房 shūfáng 서재 shūfáng
厨房 chúfáng 부엌, 주방 chúfáng
客厅 kètīng 거실 kètīng
53

9과 我会游泳 나는 수영할 줄 알아
Wǒ huì yóuyǒng
CD 10
1 다음을 잘 듣고 같은 음끼리 표기되어 있는 것을 찾아 연결하세요.
① ün   yuan
② üan   yue
③ üe   yun
2 다음을 잘 듣고 알맞은 것끼리 연결하세요.
① üan   xuěrén
② ün   yún
③ üe   yuán
54
3 다음을 잘 듣고 내용과 일치하는 그림에 ○표를 하세요.
①
②
4 다음 그림에 맞는 한자를 색칠하고 병음을 따라 써 보세요.
①
②
会 huì
不会 bú huì
55

56~57p

9과 我会游泳 나는 수영할 줄 알아

5 다음 노래를 잘 듣고 보기에서 알맞은 한자와 병음을 찾아 빈칸에 써 넣으세요.

보기
游泳 yóuyǒng　滑冰 huábīng　不会 bú huì　滑雪 huáxuě

你会游泳吗？　Nǐ huì yóuyǒng ma?
我会游泳。　Wǒ huì yóuyǒng.
她会游泳吗？　Tā huì yóuyǒng ma?
她不会游泳。　Tā bú huì yóuyǒng.
我会滑冰，　Wǒ huì huábīng,
不会滑雪。　bú huì huáxuě.
我会打篮球，　Wǒ huì dǎ lánqiú,
不会打棒球。　bú huì dǎ bàngqiú.

너는 수영할 줄 아니? 나는 수영할 줄 알아.
쟤(여자)는 수영할 줄 아니? 쟤(여자)는 수영 못 해.
나는 스케이트 탈 줄 알아, 스키 못 타.
나는 농구할 줄 알아, 야구 못 해.

6 다음 선을 따라 알맞게 연결한 후 큰 소리로 읽으면서 써 보세요.

보기
会 huì　不会 bú huì　游泳 yóuyǒng　打棒球 dǎ bàngqiú　打篮球 dǎ lánqiú　滑雪 huáxuě　滑冰 huábīng

① 杰克 会打棒球。　Jiékè huì dǎ bàngqiú.
② 欢欢 不会滑雪。　Huānhuan bú huì huáxuě.
③ 玲玲 会游泳。　Língling huì yóuyǒng
④ 玛丽 会滑冰。　Mǎli huì huábīng
⑤ 大韩 不会游泳。　Dàhán bú huì yóuyǒng.
⑥ 未来 会打篮球。　Wèilái huì dǎ lánqiú.

58~59p

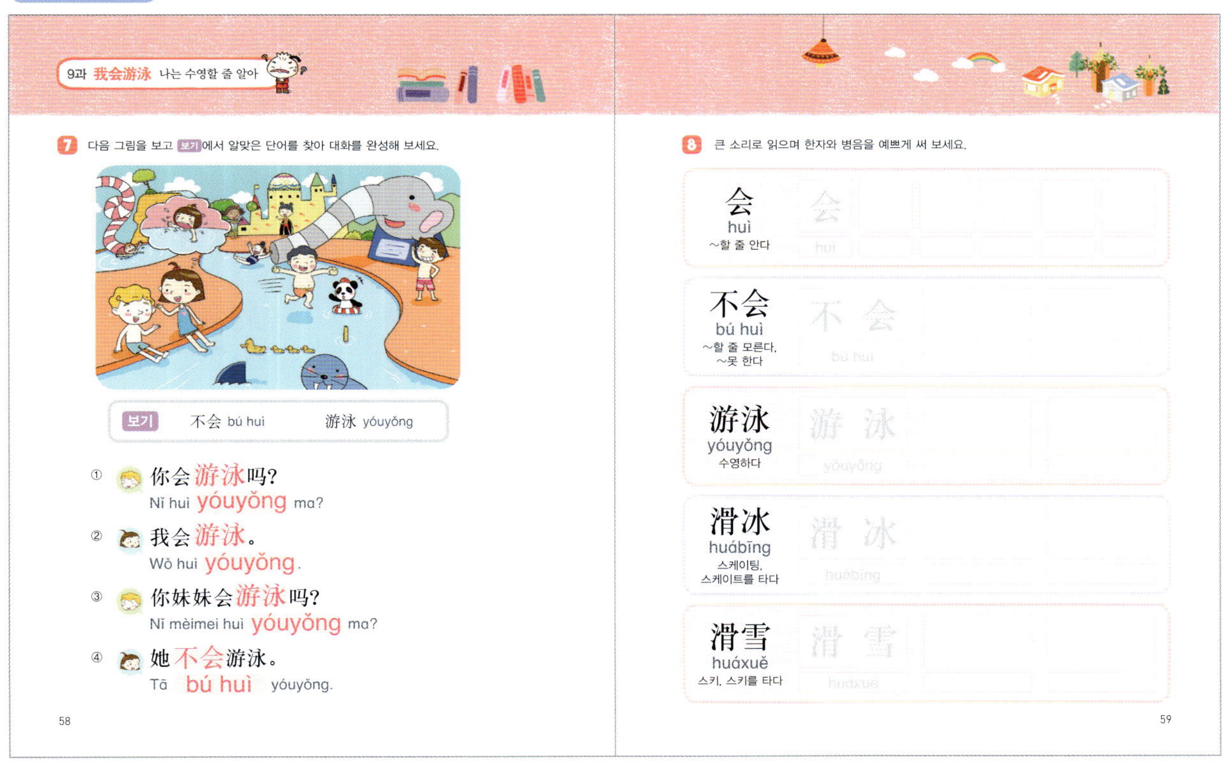

9과 我会游泳 나는 수영할 줄 알아

7 다음 그림을 보고 보기에서 알맞은 단어를 찾아 대화를 완성해 보세요.

보기
不会 bú huì　游泳 yóuyǒng

① 你会游泳吗？　Nǐ huì yóuyǒng ma?
② 我会游泳。　Wǒ huì yóuyǒng.
③ 你妹妹会游泳吗？　Nǐ mèimei huì yóuyǒng ma?
④ 她不会游泳。　Tā bú huì yóuyǒng.

8 큰 소리로 읽으며 한자와 병음을 예쁘게 써 보세요.

会 huì ~할 줄 안다
不会 bú huì ~할 줄 모른다, ~못 한다
游泳 yóuyǒng 수영하다
滑冰 huábīng 스케이팅, 스케이트를 타다
滑雪 huáxuě 스키, 스키를 타다

10과 灰姑娘，你在哪儿? 신데렐라, 어디 있어요?
Huīgūniang, nǐ zài nǎr?
CD 11
1 빈칸에 들어갈 알맞은 말을 찾아 스티커를 붙이세요.
①
Jiǔ yuè qī hào. Xīngqītiān.
Jǐ yuè jǐ hào? Xīngqī jǐ?
Jǐ diǎn?
Qī diǎn.
Zhè shì shéi de?
Zhè shì nǐ de.
Shì, zhè shì nǐ de.
Zhè shì wǒ de ma?
②
Nǐ huì yóuyǒng ma?
Nǐ huì tiàowǔ ma?
Nǐ huì huábīng ma?
Wǒ huì yóuyǒng.
Wǒ huì tiàowǔ.
Wǒ bú huì huábīng.
③
Xiànzài jǐ diǎn?
Xiànzài shí'èr diǎn.
Nǐ zài nǎr?
Huīgūniang, zàijiàn!
④
Zhè shì wǒ de.
Zhè bú shì nǐmen de.
Shì, zhè shì wǒ de.
Zhè shì nǐ de ma?
Wǒ de bōlixié zài gélóu li.
Nǐ de bōlixié zài nǎr?
60
61

10과 灰姑娘，你在哪儿? 신데렐라, 어디 있어요?
2 이야기를 잘 듣고, 다음 물음에 답해 보세요.
3 아래 표를 중국어로 예쁘게 작성하고 친구들의 질문에 큰 소리로 답해 보세요.
❶ 무슨 색을 좋아해요?
❷ 생일이 몇 월 며칠이에요?
❸ 잘 할 수 있는 운동은 무엇이에요?
❹ 여러분 가방 속에는 어떤 물건들이 있는지 그려 보세요.
❺ 먹고 싶은 음식을 그려 보세요.
❻ 예쁜 집을 그리고 함께 사는 가족을 소개해 보세요
1) 신데렐라가 초대받은 파티의 날짜는 몇 월 며칠인가요?
① 五月五号 wǔ yuè wǔ hào
② 九月七号 jiǔ yuè qī hào
③ 七月七号 qī yuè qī hào
④ 七月九号 qī yuè jiǔ hào
2) 신데렐라가 할 수 있다고 말한 운동끼리 바르게 짝지어진 것을 고르세요.
① 游泳 yóuyǒng – 跳舞 tiàowǔ
② 游泳 yóuyǒng – 滑雪 huáxuě
③ 滑冰 huábīng – 跳舞 tiàowǔ
④ 滑冰 huábīng – 游泳 yóuyǒng
3) 신데렐라의 마법이 풀리는 시간은 몇 시인가요?
① 八点半 bā diǎn bàn
② 九点五分 jiǔ diǎn wǔ fēn
③ 两点 liǎng diǎn
④ 十二点 shí'èr diǎn
4) 신데렐라는 유리 구두 한 짝을 어디에 두었나요?
① 厨房 chúfáng
② 阁楼 gélóu
③ 客厅 kètīng
④ 洗手间 xǐshǒujiān
62
63

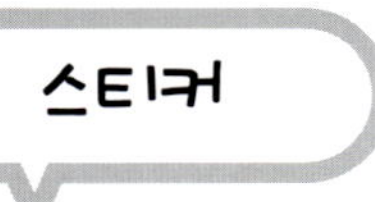

1과 12p

hànbǎobāo hànbǎobāo hànbǎobāo bǐsàbǐng

bǐsàbǐng qiǎokèlì chéngzhī chéngzhī kělè

2과 17p

3과 21p

4과 30p

5과 32~33p

Nǐ yǒu biéde yùndòngxié ma?

Nǐ chī shénme?

Zhè bú shì wǒ de.

Nǐ yǒu biéde kùzi ma?

Nǐ xǐhuan shénme yánsè?

Nǐ hē shénme?

Zhè shì nǐ de ma?

Méiyǒu.

Shì, zhè dōu shì wǒ de.

6과 39p

xīngqīyī　　xīngqī'èr　　xīngqīsān　　xīngqīsì

xīngqīwǔ　　xīngqīliù　　xīngqītiān

7과 45p

8:30　　1:10　　5:00

12:10　　9:05　　2:00

8과 49p

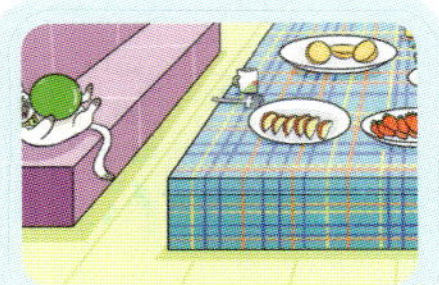 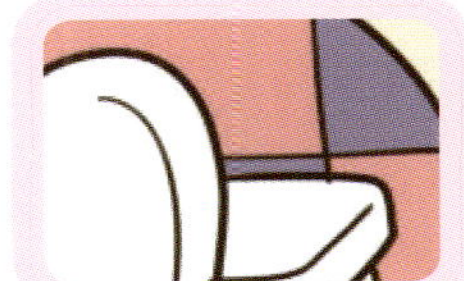  

10과 60~61p

Xiànzài jǐ diǎn?

Zhè shì shéi de?

Jǐ diǎn?

Zhè shì wǒ de ma?

Zhè shì nǐ de ma?

Jǐ yuè jǐ hào?
Xīngqī jǐ?

Nǐ huì yóuyǒng ma?

Wǒ de bōlixié zài gélóu li.

Zhè shì wǒ de.

Wǒ bú huì huábīng.

Nǐ zài nǎr?

Wǒ huì tiàowǔ.